108 citaten

van Amma

over Liefde

Mata Amritanandamayi Center, San Ramon
Californië, Verenigde Staten

1

Liefde is onze ware essentie. Liefde kent geen beperkingen van kaste, religie, ras of nationaliteit. We zijn allemaal kralen die aan dezelfde draad van liefde samen geregen zijn. Ons van deze eenheid bewust te worden en liefde te verspreiden die onze aangeboren aard is, is het werkelijke doel van het menselijke leven.

2

"Ben ik echt verliefd of ben ik te gehecht?" Denk zo diep mogelijk over deze vraag na. De meeste mensen hunkeren naar gehechtheid, niet naar echte liefde. In zekere zin verraden we onszelf. We verwarren gehechtheid en liefde. Liefde is het middelpunt en gehechtheid is de omtrek. Streef naar het middelpunt.

3

Schoonheid bevindt zich in het hart. Liefde voor iedereen geeft echte schoonheid en ondersteunt zowel de gever als de ontvanger. De schoonheid van onze ogen zit niet in de eyeliner, maar in een blik vol mededogen. De glimlach die straalt op een gezicht dat overstroomt van liefde, is de mooiste glimlach in de hele wereld.

4

De meesten van ons denken altijd aan de verliezen in het leven. We vergeten de grootste aanwinst die we kunnen hebben, dat is liefde. Laat je geest helemaal opengaan en je zult liefde met al zijn geur en schoonheid ervaren.

5

Liefde is de basis van een gelukkig leven, maar bewust of onbewust vergeten we deze waarheid. Als we liefde niet in onze woorden en handelingen tot uitdrukking brengen, is dat als honing die in een rots opgesloten zit. Hij is voor niemand van nut. Als de mensen in een gezin liefde voor elkaar kunnen uitdrukken, zullen vrede en harmonie thuis en in de samenleving overheersen.

6

Als je anderen ziet zoals je jezelf ziet, is er geen individualiteit. Mededogen is de taal die de blinden kunnen zien en de doven kunnen horen. Een verwaarloosd iemand de helpende hand reiken, de hongerlijdende mensen te eten geven, de bedroefden en gedeprimeerden een blik vol compassie geven, dit is de taal van de liefde.

7

Als we ons hart en onze ziel in een bepaalde activiteit storten, verandert het in een geweldige bron van inspiratie. Het resultaat van een handeling die met liefde verricht is, heeft een waarneembare aanwezigheid van licht en leven in zich. Die realiteit van liefde zal een immense aantrekking op de mensen uitoefenen.

8

Achter alle grote en onvergetelijke gebeurtenissen ligt het hart. Liefde en een onbaatzuchtige houding liggen aan alle echt grootse daden ten grondslag. Achter iedere goede zaak zul je iemand vinden die van alles afstand gedaan heeft en zijn leven hieraan gewijd heeft.

9

Als we beseffen dat alle liefde, of het nu van een echtgenoot, echtgenote, kind, een dier dat zijn jongen grootbrengt, of een plant is, uit de ene en enige goddelijke bron voortkomt, begint onze liefde licht en koelte als maanlicht uit te stralen. Ontwikkeling van dit begrip zal harmonie in ons leven brengen.

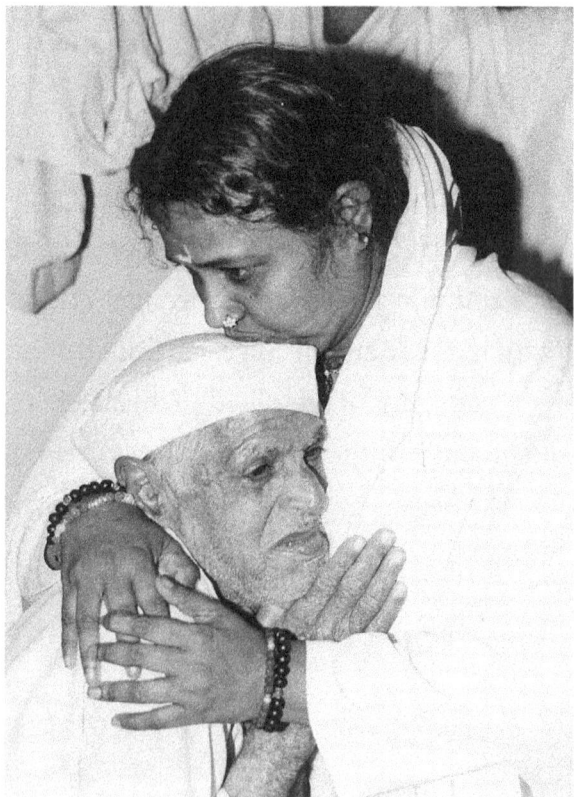

10

Zoek je innerlijke harmonie, dat prachtige lied van leven en liefde. Help en dien de lijdende mensen. Leer om anderen voor jezelf te stellen. Maar word niet verliefd op je eigen ego in naam van het dienen van anderen. Wees meester over je geest en ego. Houd rekening met iedereen, omdat ze allemaal een ingang tot je eigen Zelf zijn.

11

Werk kan uitputtend zijn en onze energie verbruiken, terwijl liefde nooit vermoeiend of vervelend is. Liefde vult ons hart met steeds meer energie. Het maakt alles eeuwig nieuw en fris. Als ons bestaan in zuivere liefde geworteld is, hoe kunnen we ons dan ooit vervelen? Verveling ontstaat alleen in de afwezigheid van liefde. Liefde vult het leven voortdurend het nieuwe.

12

Als er echte liefde is, is er niets anders nodig. Dat alleen al leidt tot volledige absorptie. Naarmate we liefde en gerichtheid op het doel ontwikkelen, zullen we vanzelf vergeven en vergeten. We zullen ons een houding van opoffering eigen kunnen maken.

13

Hoe meer toegewijd je bent, des te opener zul je worden. Hoe opener je blijft, des te meer liefde ervaar je. Hoe meer liefde je geeft, des te meer genade ontvang je. Het is deze genade die je naar het doel zal leiden.

14

Zuivere liefde is een voortdurend loslaten, alles loslaten wat van jou is. Maar wat is echt van jou? Alleen het ego. Liefde verteert alle vooropgezette ideeën, vooroordelen en oordelen in zijn vlammen, alle dingen die uit het ego voortkomen.

15

Besef dat er oneindige gelukzaligheid in je Zelf zit. Als de liefde die in je zit, zich in uiterlijke activiteiten uitdrukt, zul je echt geluk ervaren.

16

Als je gelukkig bent, is je hart open en kan er goddelijke liefde in je stromen. Als er liefde in je hart is, zul je alleen maar gelukkig zijn. Het is een cirkel: geluk trekt liefde naar binnen en liefde laat je gelukkig zijn.

17

Als we diep genoeg in onszelf duiken, zullen we ontdekken dat dezelfde draad van universele liefde alle wezens verbindt. Liefde verenigt alles.

18

Eén druppel water kunnen we geen rivier noemen. Een rivier wordt gevormd door vele druppels die samenstromen. Het samengaan van deze ontelbare druppels creëert de stroom. Samen vormen we een kracht, een onoverwinnelijke kracht. Als we hand in hand met liefde samenwerken, is het niet slechts één levenskracht maar de levensenergie van het collectief dat onbelemmerd in harmonie stroomt. Uit die onophoudelijke stroom van eenheid zullen we de geboorte van vrede zien ontstaan.

19

Steeds als je door een moeilijke periode in je leven gaat, is het goed om je het volgende te herinneren: "Ik verwacht geen liefde van anderen omdat ik niet iemand ben die het nodig heeft dat anderen van hem houden. Ik ben liefde zelf. Ik ben een onuitputtelijke bron van liefde, die altijd liefde en niets anders dan liefde geeft aan iedereen die naar me toe komt."

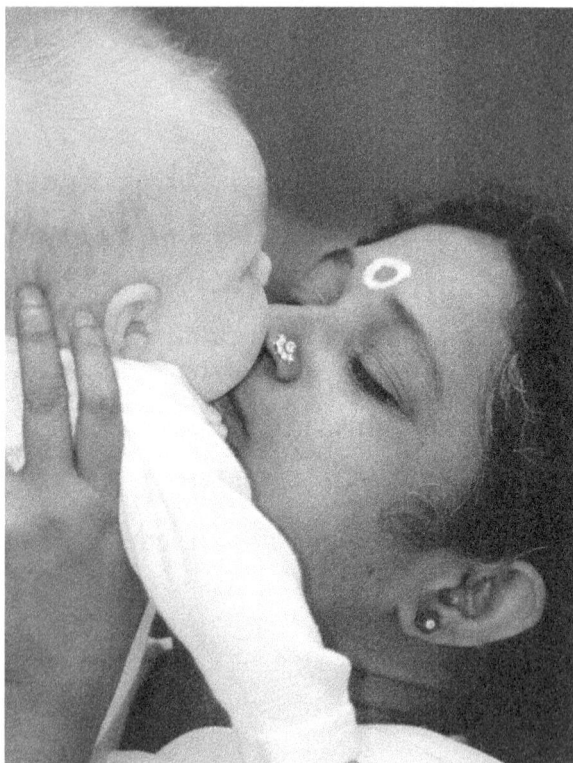

20

Echte liefde kan niet afgewezen worden. Je kunt het alleen met een open hart ontvangen. Als een kind glimlacht, of het nu het kind van je vriend of een vijand is, moet je wel terugglimlachen, omdat de liefde van het kind zo zuiver en onschuldig is. Zuivere liefde is als een prachtige bloem met een onweerstaanbare geur.

21

De kracht van zuivere liefde is oneindig. In zuivere liefde gaat men voorbij het lichaam, de geest en alle angst. Liefde is de adem van de ziel. Het is onze levenskracht. Zuivere, onschuldige liefde maakt alles mogelijk. Als je hart vol is van de zuivere energie van liefde, is zelfs de meest onmogelijke taak even gemakkelijk als het oprapen van een bloem.

22

Hoe meer liefde je geeft, des te meer goddelijkheid komt er in je tot uitdrukking. Zoals water uit een blijvende bron nooit opdroogt, hoe veel water we er ook uit halen, zo ook neemt vriendelijkheid toe, naarmate we er meer van geven.

23

Leven en liefde zijn niet twee. Ze zijn onscheidbaar zoals een woord en zijn betekenis. We worden in liefde geboren, leiden dit leven in liefde en gaan ten slotte op in liefde. De waarheid is: er komt geen einde aan liefde. Alleen door liefde kan het leven ontstaan en tot bloei komen. Omdat liefde onze ingeboren aard is, kan er zich helemaal niets manifesteren zonder deze kracht erachter.

24

Liefde kan alles tot stand brengen. Er is geen probleem dat niet door liefde opgelost kan worden. Het kan ziektes genezen, gewonde harten helen en de geest transformeren. Door liefde kan men alle hindernissen overwinnen. Liefde helpt ons alle lichamelijke, mentale en intellectuele spanning los te laten en geeft daardoor vrede en geluk. Liefde is de nectar die schoonheid en bekoring aan het leven toevoegt.

25

Liefde is een universele religie. Dit is wat de samenleving echt nodig heeft. Het moet in al onze woorden en daden uitgedrukt worden. Liefde en spirituele waarden die een kind van zijn ouders krijgt, zijn de belangrijkste bezittingen die het nodig heeft om de verschillende beproevingen aan te kunnen als het volwassen is.

26

In een perfecte relatie tussen de mens en de natuur wordt er een cirkelvormig energieveld gecreëerd waarbij beide beginnen samen te vloeien. Als mensen op de natuur verliefd worden, wordt zij verliefd op ons. Ze zal niet langer dingen voor ons verbergen. Ze zal haar oneindige schatkamers voor ons openen en ons van haar overvloed laten genieten. Als een moeder zal ze ons beschermen, verzorgen en voeden.

27

Als we zonder enige verwachting van elkaar houden, is het niet nodig om ergens anders op zoek te gaan naar de hemel. Liefde is de basis van een gezond leven. Zoals ons lichaam goed voedsel nodig heeft om te leven en groeien, wordt onze ziel gevoed door liefde.

28

We kunnen de aard van anderen niet door boosheid veranderen. Alleen liefde kan hen veranderen. Begrijp dit en probeer voor iedereen sympathie en liefde te hebben. Heb zelfs compassie met hen die je irriteren. Probeer voor hen te bidden. Zo'n houding zal je geest helpen om vredig en kalm te blijven. Naarmate men ten goede verandert, verslapt het actie-reactiepatroon en gaat het hart open voor positievere eigenschappen als vergeving, verdraagzaamheid en harmonie.

29

Door onbaatzuchtig te delen wordt de bloem van het leven mooi en geurig. Als een bloem bloeit, verspreidt zijn zoete geur zich overal. Als onbaatzuchtige liefde in ons wakker wordt, stroomt het als een rivier naar de wereld.

30

Er is een bron van liefde in je. Boor die bron op de juiste manier aan en de goddelijke energie van liefde zal je hart vullen en zal oneindig toenemen. Je kunt het niet forceren. Je kunt alleen de juiste houding in jezelf creëren en het zal vanzelf gebeuren.

31

Echte liefde bestaat in het hart. Deze liefde kan niet uitgesproken of onder woorden gebracht worden. Woorden behoren bij het intellect. Ga voorbij woorden en taal naar het hart. Als je werkelijk liefhebt, wordt je intellect leeg. Je houdt op met denken. Geen gedachten, geen geest, niets. Er blijft alleen liefde over.

32

Er is liefde en schoonheid in je. Probeer die door je handelingen tot uitdrukking te brengen en je zult zeker de bron van geluk-zaligheid raken.

33

Doe je werk en verricht je taken met heel je hart. Probeer onbaatzuchtig en met liefde te werken. Als je jezelf geeft in alles wat je doet, zul je schoonheid en liefde in al je handelingen voelen en ervaren.

34

Het doel van spiritualiteit is om onze beperkte liefde in goddelijke liefde te veranderen. Laten we ons daarom concentreren op wat we anderen kunnen geven en niet op wat we voor onszelf kunnen nemen. Dit zal een grote verandering in ons leven tot stand brengen.

35

Of het nu spirituele liefde of wereldse liefde is, liefde blijft liefde. Het verschil zit alleen in de diepte en de mate. Spirituele liefde kent geen beperkingen of grenzen, terwijl wereldse liefde oppervlakkig en beperkt is. Word je bewust van de kennis "Ik ben het Hoogste Zelf. Ik ben onbegrensd en ik heb een oneindig vermogen in me."

36

Als de zon op duizend potten vol water schijnt, zijn er veel weerkaatsingen, maar ze reflecteren allemaal dezelfde zon. Zo ook zullen wij onszelf in alle mensen zien als we eenmaal weten wie we echt zijn. Als dit begrip opkomt, leren we met anderen consideratie te hebben en hun zwakheden over het hoofd te zien. Daaruit zal zuivere liefde in ons voortkomen.

37

De liefde van bewust moederschap is liefde en compassie die men niet alleen voor zijn eigen kinderen voelt, maar voor alle mensen, dieren, planten, rotsen en rivieren. Het is liefde die zich uitstrekt naar de hele natuur en alle wezens. Iedereen, vrouw of man, die de moed heeft om de beperkingen van de geest te overstijgen, kan deze toestand van universeel moederschap bereiken.

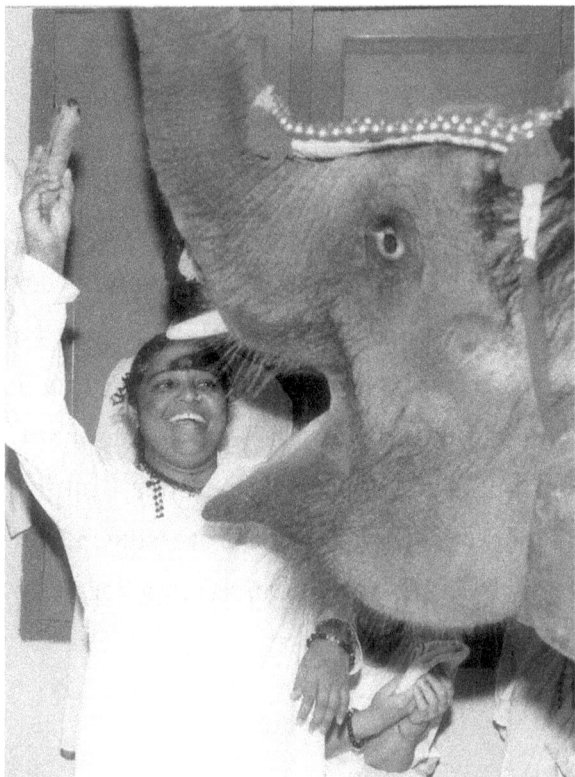

38

Liefde kan niet twee bevatten. Het bevat slechts één. In de onafgebroken en toegewijde herinnering van de liefde, verdwijnen 'jij' en 'ik' en lossen op. Alleen liefde blijft over. Het hele universum is in die zuivere, onverdeelde liefde bevat. Liefde is eindeloos. Niets kan ervan worden uitgesloten.

39

De moeilijkheid zit niet in het uitdrukken van liefde, maar in het loslaten van het ego. Liefde is onze ware aard. Het is al in ons aanwezig, maar we worden door onze individuele grenzen tegengehouden. We moeten onze individualiteit ontgroeien om in universele liefde op te gaan. Het ego staat liefde in de weg. Als het eenmaal verwijderd is, zullen we als een rivier stromen.

40

Je hart is de echte tempel. Daar moet je God installeren. Goede gedachten zijn de bloemen die we offeren, goede daden zijn de aanbidding, goede woorden zijn de gezangen. Liefde is de goddelijke offergave.

41

Er heerst een onverzadigbare honger in zuivere liefde. Men kan die intense honger zelfs in wereldse liefde zien en ervaren, maar in spirituele liefde bereikt de intensiteit zijn hoogtepunt. In een echte zoeker wordt liefde als een bosbrand, maar hij verteert nog meer. Ons hele wezen brandt met de intensiteit van het vuur van liefde. In dat laaiende vuur worden we zelf verteerd en gaan dan helemaal in God op.

42

Liefde is niet iets wat door iemand onderwezen kan worden of ergens geleerd kan worden. Maar in de aanwezigheid van een perfecte Meester kunnen we het voelen en in de loop der tijd ontwikkelen. Dit komt doordat een Satguru de noodzakelijke omstandigheden schept om liefde in ons te laten groeien. De situaties die een Guru creëert, zijn zo mooi en onvergetelijk dat we deze kostbare en onschatbare momenten echt koesteren. Ze blijven altijd als zoete herinneringen bestaan.

43

Voorvallen die door de Guru worden gecreëerd, vormen een reeks van opwekkende
herinneringen die golf na golf van liefde in
ons teweegbrengen totdat er uiteindelijk alleen maar liefde is. Door deze omstandigheden steelt de Guru ons hart en onze ziel en
vult ons met zuivere en onschuldige liefde.

44

Er is liefde en Liefde. Je houdt van je familie: je vader, moeder, zus, broer, man, vrouw enz. Maar je houdt niet van je buurman. Je houdt van je zoon en dochter, maar je houdt niet van alle kinderen. Je houdt van je eigen godsdienst, maar je houdt niet van alle godsdiensten. Op dezelfde manier voel je liefde voor je land, maar je houdt niet van alle landen. Daarom is dit geen Liefde. Het is slechts 'liefde'. Verandering van deze liefde in Liefde is het doel van spiritualiteit.

45

Liefde komt gewoon als een plotselinge opwelling in het hart, als een onvermijdelijk, onbelemmerd verlangen naar eenheid. Niemand denkt erover na hoe lief te hebben of wanneer en waar lief te hebben. Rationele gedachten belemmeren liefde. Liefde is voorbij logica. Probeer dus niet rationeel over liefde te zijn. Dat is alsof je een reden probeert te geven waarom een rivier stroomt, waarom de wind koel en aangenaam is, waarom de maan gloeit, waarom de hemel zo ruim is, waarom de oceaan uitgestrekt en diep is of de bloem geurig en prachtig is. Rationaliseren doodt de schoonheid en bekoring van deze dingen. Je moet ervan genieten, ze ervaren, ervan houden en ze voelen. Als je ze rationaliseert, gaat de schoonheid en bekoring van de gevoelens die liefde oproept, verloren.

46

De verantwoordelijkheid van een moeder mag niet onderschat worden. Een moeder heeft een geweldige invloed op haar kinderen. Als we gelukkige, vredige mensen zien, kinderen die edele eigenschappen en een goed karakter hebben, mannen die een enorme kracht hebben als ze met mislukkingen en moeilijke situaties geconfronteerd worden, mensen die veel begrip, sympathie, liefde en compassie voor de lijdende mensen hebben en hen die zichzelf aan anderen geven, dan vinden we gewoonlijk achter

deze mensen een fantastische moeder
die hen geïnspireerd heeft om te worden
wat ze zijn.

47

Moeders zijn het best in staat om de zaden van liefde, universele verwantschap en geduld in ons te zaaien. Er is een speciale band tussen een moeder en haar kind. De innerlijke eigenschappen van de moeder worden zelfs door haar melk op het kind overgebracht. De moeder begrijpt het hart van het kind. Ze laat haar liefde rijkelijk naar het kind stromen, leert het de positieve lessen van het leven en corrigeert de fouten van het kind.

48

Moge de boom van ons leven stevig in de grond van liefde geworteld zijn. Mogen goede daden de bladeren aan die boom zijn. Mogen vriendelijke woorden zijn bloemen vormen en moge vrede zijn vruchten zijn. Laten we groeien en ons ontplooien als één familie die in liefde verenigd is.

49

Je ware Zelf vinden en evenveel van iedereen houden is hetzelfde. Alleen wanneer je
leert om van iedereen evenveel te houden,
zal echte vrijheid dagen. Tot dan toe ben je
gebonden en ben je de slaaf van het ego en
de geest.

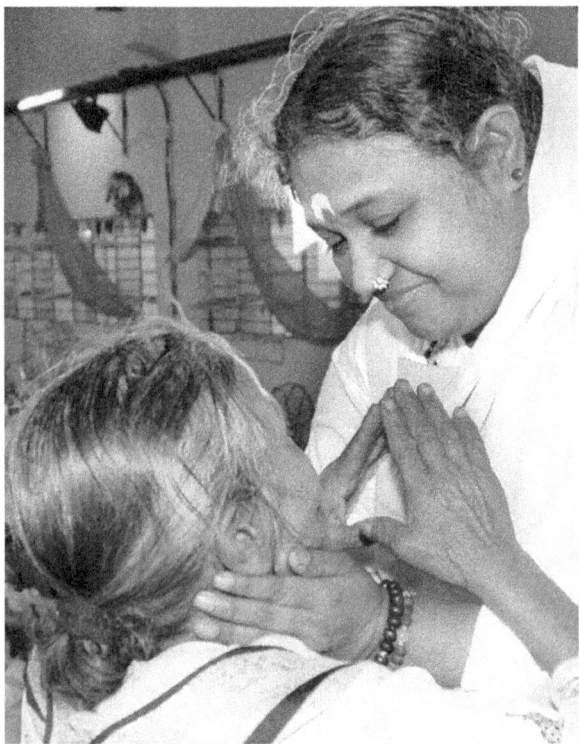

50

Zoals het lichaam voedsel nodig heeft om te overleven en groeien, heeft de ziel liefde nodig. Liefde brengt een kracht en vitaliteit bij die zelfs moedermelk niet kan geven. We leven allemaal voor echte liefde en verlangen ernaar. We worden geboren en sterven terwijl we naar zulke liefde zoeken. Kinderen, houd van elkaar en verenig je in deze zuivere liefde.

51

Niemand houdt meer van een ander dan hij van zichzelf houdt. Achter de liefde van iedereen zit een egoïstisch zoeken naar eigen geluk. Als we niet het geluk krijgen dat we van een vriend verwachten, wordt onze vriend onze vijand. Dit kunnen we in de wereld zien. Alleen God houdt onzelfzuchtig van ons. Alleen door van God te houden kunnen we leren om van anderen te houden en hen onbaatzuchtig te dienen.

52

Zuivere liefde is het beste medicijn voor de moderne wereld. Dit ontbreekt in alle samenlevingen. De diepste oorzaak van alle problemen, van persoonlijk tot mondiaal, is de afwezigheid van liefde. Liefde is de bindende factor, de verenigende kracht in alles. Liefde creëert gevoelens van eenheid en harmonie onder mensen, terwijl haat en egoïsme verdeling veroorzaken en de geest van de mensen in stukken snijdt. Liefde moet heersen. Er is geen probleem dat liefde niet kan oplossen.

53

Om liefde te ontwikkelen moet men op een geschikte plaats zijn waar liefde kan groeien. In de aanwezigheid van een perfecte Meester leven is de beste manier om liefde te ontwikkelen. De Guru helpt je door de omstandigheden te creëren die nodig zijn om je hart met liefde te vullen. Deze omstandigheden zijn niet alleen uiterlijk, maar ook innerlijk. De Guru werkt direct aan de vasana's (verborgen neigingen) van de leerling, die de belangrijkste belemmeringen vormen op het pad van liefde.

54

Echte groei vindt plaats in de eenheid die uit liefde geboren wordt. De melk die uit de moederborst stroomt, voedt de baby en voorziet zijn lichaam van kracht en vitaliteit, waardoor al zijn organen gezond en in de juiste verhouding groeien. Maar er stroomt niet alleen melk uit de moederborst. Het is de warmte, liefde en affectie van de moeder in de vorm van melk. Op dezelfde manier is liefde de 'borstvoeding' die de samenleving als geheel doet groeien. Liefde verschaft de noodzakelijke kracht en vitaliteit die de samenleving zonder verdeling laat groeien.

55

Mahatma's zijn de brug die ons met God verbinden. Zij verwerpen niets. Ze zijn als een rivier die alles omarmt en accepteert als hij stroomt. Genot en pijn zijn als de twee oevers van het leven. Mahatma's accepteren deze beide oevers gelijkmoedig en gaan verder. Tegelijkertijd zijn zij voorbij gedachten en emoties. Ze zijn met iedereen verbonden, maar door niets gebonden. Een hart vol liefde en vertrouwen zal gemakkelijk een band met hen vormen.

56

De kracht van onwankelbaar vertrouwen en onschuldige liefde kan doordringen in gebieden waar intellect en logica niet kunnen komen.

57

Je kunt alleen liefde voelen door het uit te drukken. De reden dat we spiritualiteit beoefenen is te leren hoe we anderen hun fouten moeten vergeven en van hen moeten houden in plaats van hen af te wijzen. Iedereen kan mensen afwijzen, maar iedereen accepteren is moeilijk. Door liefde kunnen we anderen van kwaad naar goed leiden, maar als we iemand om zijn fouten verwerpen, blijft hij die misschien maken.

58

We houden van anderen omdat ze ons gelukkig maken of onze verlangens vervullen en ons gehoorzamen, respecteren of een hoge dunk van ons hebben. Anders houden we niet van hen. Als iemand ons haat, neemt wraak vaak de plaats van liefde in. Dit is zelfs het geval met de mensen die het dichtst bij je staan. Als ze je niet gehoorzamen of respecteren, houd je misschien niet meer van hen. Waar echte liefde is, is geen egoïsme. We moeten in staat zijn om lief te hebben zonder iets van iemand te verwachten.

59

Als er geen afkeer of vijandigheid meer is, dat is liefde. Als iedere afkeer uit de geest verdwijnt, verandert de geest in liefde. Hij wordt als suiker: iedereen kan komen, ervan nemen en de zoetheid ervan genieten zonder iets terug te hoeven geven. Als je de mensheid kunt liefhebben en dienen, word je voedsel voor de wereld.

60

Kinderen, goddelijke liefde is onze ware aard. Het straalt in ieder van ons. Als je hart vol onschuldige liefde is, ben jij afwezig, is het ego afwezig. In die toestand is er alleen liefde. Individualiteit verdwijnt en je wordt één met God.

61

Wanneer een kind je iets aanbiedt, kun je het niet afwijzen omdat de liefde van een kind smetteloos en zuiver is. Wanneer je in authentieke, onschuldige liefde verblijft, zijn er geen tegenovergestelde gevoelens zoals zuiverheid en onzuiverheid, goed en slecht enzovoorts. Er is alleen maar liefde. Zuivere liefde kan niet afgewezen worden.

62

Liefde stroomt eenvoudig. Iedereen die bereid is de sprong te wagen en erin te duiken, wordt geaccepteerd zoals hij is. Er zijn geen bepalingen of voorwaarden. Als je niet bereid bent te springen, wat kan liefde dan doen? De stroom blijft waar hij is. Hij zegt nooit 'Nee'. Hij zegt voortdurend 'Ja, ja, ja'.

63

Als je je opent, zul je ontdekken dat de zon altijd scheen en de wind altijd waaide en de zoete geur van goddelijke liefde met zich meedroeg. Er zijn geen voorwaarden en er wordt geen dwang gebruikt. Laat de deur van je hart gewoon opengaan en je zult ontdekken dat hij nooit op slot zat. Deze deur is altijd open geweest, maart door je onwetendheid dacht je dat hij op slot zat.

64

Echte liefde ontstaat alleen wanneer alle gehechtheid aan personen, voorwerpen en belangen wegvalt. Dan wordt de strijd een prachtig spel van onbaatzuchtig dienen, dat aan de hele mensheid uit liefde en compassie wordt aangeboden. In dat gevecht zal je ego niet vechten, maar liefde zal vechten om het ego te verteren en het in liefde te veranderen. De schaduw van angst verdwijnt alleen in het licht van liefde.

65

In dit tijdperk van intellect en rede, de tijd van de wetenschap, zijn we de gevoelens van het hart vergeten. Een algemene uitdrukking over de hele wereld is: "I have fallen in love." (Ik ben verliefd geworden.) Ja, we zijn gevallen in een liefde die geworteld is in egoïsme en materialisme. We zijn niet in staat om op te staan en wakker te worden in liefde. Als we moeten vallen, laat het dan van het hoofd naar het hart zijn. Ons verheffen in liefde, dat is spiritualiteit.

66

Als we van iets houden, gaat er een voortdurende en ononderbroken stroom van gedachten naar dat voorwerp. We denken alleen daaraan. Dus om echt lief te hebben, hebben we concentratie nodig en om ons op het voorwerp te kunnen concentreren moeten we ervan houden, wat het ook is. Het een kan niet bestaan zonder het ander. Een wetenschapper die in een laboratorium experimenten uitvoert, heeft veel concentratie nodig. Waar komt die concentratie vandaan? Uit zijn diepe en intense belangstelling voor dat onderwerp.

Waar komt deze diepgaande belangstelling vandaan? Het is het gevolg van intense liefde die hij voor dit speciale onderwerp of studiegebied heeft. Omgekeerd, als men zich intens op een onderwerp concentreert, zal er zich ook liefde voor ontwikkelen.

67

We moeten proberen om de aard van de dingen te zien zoals die is. De aard van alles, of het nu een voorwerp of een persoon is, kan niet anders zijn dan het is. Als we dit begrijpen, kunnen we echt antwoorden in plaats van reageren. Door onze kwaadheid kunnen we de aard van anderen niet veranderen. Alleen liefde kan hen veranderen. Begrijp dit en bid met sympathie en liefde voor hun welzijn. Probeer compassie te hebben zelfs met degenen die je ergeren. Zo'n houding maakt je geest rustig en vredig. Dit is het echte antwoord.

68

Wat onzuiver is moet zuiver worden. Alle onzuiverheid moet smelten en verdwijnen in de hitte die teweeggebracht wordt door de pijn van het afgesneden zijn en het verlangen naar goddelijke liefde. Dit lijden staat bekent als tapas. De gopi's raakten door deze pijn helemaal geïdentificeerd met Krishna. Hun leed was zo ondraaglijk en intens dat hun individualiteit volledig verdween en zij in hun geliefde Krishna opgingen. Onzuiverheid wordt veroorzaakt door het gevoel van 'ik' en 'mijn', die het ego vormen. Het ego kan alleen maar uitgeroeid worden als men het verbrandt in de oven van liefde.

Echte liefde wordt ervaren wanneer er geen voorwaarden zijn. Waar liefde is, kan niets geforceerd worden. Kracht wordt alleen gebruikt als we anderen als verschillend van onszelf zien. Voorwaardelijke liefde kan niet bestaan waar alleen maar eenheid is. Het idee van kracht verdwijnt in die toestand. Dan bén je eenvoudig. De universele levenskracht stroomt door je heen wanneer je een open doorgang wordt. Laat het Hoogste Bewustzijn de leiding nemen en alle hindernissen voor zijn stroom verwijderen. Daardoor kan de rivier van het alles omarmende bewustzijn zijn loop nemen.

70

In authentieke liefde is geen gehechtheid. Men moet alle kleinzielige, menselijke gevoelens transcenderen om de hoogste liefde te bereiken. Met andere woorden, liefde begint pas wanneer onthechting ontstaat. Liefde vereist een geweldige hoeveelheid zelfopoffering. Op bepaalde momenten kan het veel pijn veroorzaken, maar authentieke liefde culmineert altijd in blijvende gelukzaligheid.

71

In zuivere liefde bestaat geen last. Niets kan een last zijn wanneer er liefde zonder verlangen is. Echte liefde kan het gehele universum dragen zonder enig gewicht te voelen. Compassie kan het lijden van de hele wereld op zich nemen zonder ook maar een beetje pijn te voelen.

72

God is de enige die echt van ons houdt zonder er iets voor terug te verwachten. Kinderen, zelfs als alle schepsels in de hele wereld van ons houden, is dat niet gelijk aan een fractie van de liefde die we iedere seconde van God ervaren. Er is geen liefde die vergelijkbaar is met Gods liefde.

73

In het laatste stadium van liefde worden de minnaar en geliefde één. Hieraan voorbij komt een toestand waar er geen liefde, minnaar en geliefde is. Die hoogste staat van Liefde kan niet uitgedrukt worden. Hier leidt de Meester je uiteindelijk heen.

74

Een mooie melodie die uit een fluit komt, kan noch in de fluit noch in de vingers van de fluitist gevonden worden. Je zou kunnen zeggen dat het uit het hart van de componist komt. Maar als je zijn hart zou openen en daar zou kijken, zou je het daar ook niet vinden. Wat is dan de oorspronkelijke bron van de muziek? De bron is voorbij alles. Het komt voort uit het Paramatman (hoogste Zelf), maar het ego kan deze kracht niet herkennen. Alleen als je leert om vanuit het hart te functioneren, kun je de kracht van het Goddelijke echt zien en voelen in je leven.

75

Een bloem heeft geen instructies nodig hoe hij moet bloeien. Geen enkele muziekleraar heeft de nachtegaal leren zingen. Het is spontaan. Er is geen kracht bij betrokken. Het gebeurt natuurlijk. Op dezelfde manier opent de gesloten bloemknop van je hart zich in de aanwezigheid van een groot Meester. Je wordt zo ontvankelijk en onschuldig als een kind. De Meester onderwijst je niets. Je leert alles zonder dat het onderwezen wordt. Zijn aanwezigheid, zijn leven is het grootste onderwijs van alles. Er is geen controle of kracht bij betrokken. Alles gebeurt natuurlijk en zonder inspanning. Alleen liefde kan dit wonder creëren.

76

Een rishi (ziener) schept nooit verdeeldheid in het leven. Dit stelt hem werkelijk in staat om lief te hebben, omdat hij in de mysteries van zijn eigen Zelf, de kern van leven en liefde, gespeurd heeft. Hij ervaart overal leven en liefde. Voor hem zijn er alleen maar leven en liefde die in pracht en glorie stralen. Daarom is hij de 'echte wetenschapper'. Hij experimenteert in het innerlijke laboratorium van zijn eigen wezen en verblijft altijd in een onverdeelde toestand van liefde.

77

Wanneer er geen verlangens zijn, is er geen verdriet. We moeten van iedereen kunnen houden zonder iets terug te verwachten. Het is niet gemakkelijk om van iedereen te houden, maar we kunnen op zijn minst proberen om niet kwaad op mensen te zijn of hen te kwetsen. We kunnen op dat niveau beginnen. Stel je voor dat iedereen door God gestuurd is, dan kun je voor iedereen vriendelijk en liefdevol zijn.

78

Een spiritueel iemand moet als de wind worden. De eenheid van het leven voelen verruimt onze geest, vergroot ons hart en verspreidt liefde in de hele schepping. Het eerste vereiste, naast herinnering van God, is van iedereen en alles houden, zowel het bewuste als het onbewuste. Als we die grootheid van hart hebben, zal bevrijding niet ver weg zijn.

Zuivere liefde transcendeert het lichaam. Het is tussen twee harten. Het heeft niets met het lichaam te doen. Als er zuivere liefde is, zijn er geen hindernissen en geen begrenzingen. Hoewel de zon ver weg is, bloeien de lotusbloemen toch in zijn straling. In echte liefde is geen afstand.

80

Liefde is de enige taal die ieder levend wezen kan begrijpen. Het is universeel. Vrede en liefde zijn voor iedereen hetzelfde. Net als honing is liefde altijd zoet. Wees als een honingbij die de nectar van de liefde verzamelt overal waar hij heen gaat. Zoek het goede in alles en iedereen.

81

Er zijn drie uitdrukkingen van liefde die ons van binnen wakker maken: liefde voor jezelf, liefde voor God en liefde voor de hele schepping. Liefde voor jezelf betekent niet de zelfzuchtige liefde van het ego. Het betekent van het leven houden, zowel de successen als de mislukkingen in ons menselijk leven als Gods zegen zien, terwijl men van de goddelijke kracht die in ons woont, houdt. Dit groeit uit om liefde voor God te worden. Als deze twee componenten aanwezig zijn, dan zal de derde component, liefde voor de hele schepping, zich vanzelf manifesteren.

82

Alleen het hart kan iemand leiden, maar het hart is vergeten. In werkelijkheid heeft liefde geen vorm. Alleen als liefde voortdurend door een persoon stroomt, neemt het een vorm aan die we kunnen herkennen; anders kunnen we dat niet. Als iemands hart vol liefde en compassie is, zal je eigen hart zich spontaan openen als een opengaande bloem. De gesloten knop van je hart ontvouwt zich in de aanwezigheid van liefde.

Liefde kan niets forceren. Liefde is de aanwezigheid van zuiver bewustzijn. De aanwezigheid daarvan kan niets forceren. Het is eenvoudig. De energie van zuivere liefde is in je; die hoeft alleen wakker te worden.

84

Het wezen van wereldse liefde is niet constant. Het ritme fluctueert. Het komt en gaat. Het begin is altijd prachtig en enthousiast, maar langzaam wordt het minder mooi en minder opwindend, totdat het uiteindelijk oppervlakkig wordt. In de meeste gevallen eindigt wereldse liefde in ruzie, haat en diep verdriet. Spirituele liefde is daarentegen zo diep als een bodemloze put. De diepte en omvang ervan kunnen niet gemeten worden.

85

Spirituele liefde is anders dan wereldse liefde. Het begin is mooi en vredig. Kort na dit vredige begin komt de kwelling van het verlangen. In de middelste periode wordt de kwelling steeds sterker, steeds ondraaglijker. Vervolgens ontstaat er martelende pijn en deze pijn van verlangen zal blijven tot net voordat je eenheid met de geliefde bereikt. Deze eenheid is nog onbeschrijfelijk veel mooier dan het begin van de liefde. Dit soort liefde droogt nooit op en neemt nooit af. Spirituele liefde is altijd levendig, zowel van binnen als van buiten. Het is constant en ieder ogenblik leef je in liefde.

86

Liefde zal je verslinden. Het zal je helemaal opeten tot dat er geen 'jij' meer is en
er alleen liefde is. Je hele wezen zal in liefde
veranderd worden. Spirituele liefde culmineert in één zijn, in eenheid.

87

God verblijft diep in ons hart als on-schuld en zuivere liefde. We moeten leren om van iedereen gelijk te houden en die liefde uit te drukken. Want in essentie zijn we allemaal één, één Atman, één ziel. Liefde is het gezicht van God.

88

De essentie van moederschap is niet beperkt tot vrouwen die kinderen gekregen hebben. Het is een principe dat zowel in vrouwen als mannen aanwezig is. Het is een houding van de geest. Het is liefde, en die liefde is de adem van het leven. Wanneer ons besef van universeel moederschap is ontwaakt, zijn liefde en compassie voor iedereen evenzeer een deel van ons wezen als ademen.

89

Liefde ondersteunt alles. Als we diep doordringen in alle aspecten en gebieden van het leven, zullen we zien dat er verborgen onder alles liefde is. We zullen ontdekken dat liefde de kracht, de energie en de inspiratie achter ieder woord en iedere handeling is.

90

Als je leert om van iedereen evenveel te houden, zal echte vrijheid ontstaan. Zonder liefde kan er geen vrijheid zijn en zonder vrijheid kan er geen liefde zijn. Eeuwige vrijheid kan alleen opkomen als al onze negativiteit volkomen verwijderd is. In die toestand van allesomvattende liefde kan de prachtige, geurige bloem van vrijheid en hoogste gelukzaligheid zijn blaadjes ontvouwen en bloeien.

91

Naarmate liefde subtieler wordt, wint het aan kracht. Als het dieper doordringt in de diepten van het hart, zul je zien dat je je verheft in liefde. Uiteindelijk bereik je de toestand van totale identificatie met de Geliefde, waar je beseft dat je niet gescheiden bent. Dan word je één. Het is de uiteindelijke stap en de hoogte van echte liefde. Hier moet liefde ons heen voeren.

92

We zijn allemaal de belichaming van de Hoogste Liefde. Liefde kan met een ladder vergeleken worden. De meeste mensen blijven op de onderste trede staan. Blijf daar niet staan. Ga door met klimmen, stap voor stap. Ga omhoog van de onderste tree naar de bovenste, van het niveau van emotie naar de hoogste staat van zijn, de zuiverste vorm van liefde.

93

Echte liefde is de zuiverste vorm van energie. In die toestand is liefde geen emotie, het is een voortdurende stroom van authentiek bewustzijn en onbegrensde kracht. Zulke liefde kan met onze ademhaling vergeleken worden. Je zegt nooit: "Ik adem alleen in aanwezigheid van mijn familie en verwanten, nooit in aanwezigheid van mijn vijanden en degenen die ik haat" Nee. Waar je ook bent, wat je ook doet, de ademhaling gaat gewoon door. Op dezelfde manier geeft zuivere liefde aan iedereen zonder onderscheid en verwacht niets terug. Word iemand die geeft, niet iemand die neemt.

94

De zorg en het geduld die we in kleine dingen tonen, leiden ons tot grote prestaties. Als je geduld hebt, zul je ook liefde hebben. Geduld leidt naar liefde. Als je de bloemblaadjes van een ontluikende bloem met geweld opent, zul je niet van de pracht en de lekkere geur kunnen genieten. Alleen wanneer de bloem natuurlijk opengaat, zullen zijn schoonheid en geur zich verspreiden. Op dezelfde manier moet je geduld hebben om van de schoonheid in het leven te genieten.

95

Een oorring, een armband, een neusring en een halsband zijn allemaal alleen maar goud. Alleen het uiterlijk is anders. Zo ook is er één allesdoordringende goddelijkheid die als deze gevarieerde wereld van namen en vormen verschijnt. Als we deze waarheid echt begrijpen, wordt dat in al onze gedachten als liefde, compassie en onbaatzuchtigheid gereflecteerd.

Hulp verlenen zonder iets terug te verwachten is echt dienen. Het is de kracht die de wereld in stand houdt. Liefhebben en met toewijding dienen kan met een cirkel vergeleken worden, omdat een cirkel geen begin en geen eind heeft. Liefde heeft ook geen begin en geen eind. Door onbaatzuchtig dienen kunnen we een brug van liefde bouwen die ons allemaal samenbrengt.

97

Geen enkel werk is onbelangrijk of zin-
loos. De hoeveelheid liefde en bewustzijn die
je in je werk stopt, maakt het belangrijk en
mooi. Genade stroomt naar werk dat met
nederigheid verricht wordt. Nederigheid
doordrenkt het met zoetheid.

98

Evenals liefde kan overgave niet be-
studeerd worden of geleerd worden uit
boeken, van een bepaalde persoon of aan
een universiteit. Overgave komt naarmate
liefde toeneemt. In feite groeien de twee
tegelijkertijd. Uiteindelijk moeten we ons
aan ons eigen ware Zelf overgeven, maar
overgave vereist veel moed. We hebben een
dappere houding nodig om ons ego op te
offeren. Dit vereist dat we alles verwelkomen
en accepteren zonder gevoelens van verdriet
of teleurstelling.

99

Het intellect en het hart moeten het samen eens worden. Dan stroomt goddelijke genade naar ons en schenkt tevredenheid in ons leven.

100

We hebben liefde voor God nodig om op de spirituele weg vooruit te gaan. Liefde voor God is niet slechts liefde voor een persoon, een afbeelding of een beeld. Dat is het begin. Echte liefde voor God is van ieder aspect van de schepping houden en God in alles en iedereen zien.

101

Als je een smid ziet werken, verhit en smelt hij een staaf. Dan slaat hij er hard met een hamer op om het de vorm te geven die hij wil. Laat de Guru je hart met liefde smelten, zoals de ijzeren staf moet smelten, en laat hem het dan met de hamer van kennis vormgeven.

102

Alleen zij die liefde ontvangen hebben, kunnen liefde geven. Het hart van mensen die nooit liefde ontvangen hebben, is altijd gesloten. Ze zullen geen liefde kunnen ontvangen noch liefde geven. Het is heel belangrijk dat ouders hun kinderen liefde geven.

103

Hij die van iedereen evenveel houdt,
houdt werkelijk van Amma.

104

Als we begrijpen hoe onbeduidend onze gehechtheid aan de wereld is en hoe verheven Gods liefde is, zijn we in staat al onze gehechtheid op te geven. Het is als de bloemen aan een boom die verwelken zodat de boom vrucht kan dragen. Als de vrucht begint te groeien, valt alle bloesem vanzelf af.

105

De liefde die je ervaart is evenredig aan de liefde die je geeft.

106

Kinderen, alle liefde die de wereld biedt, leidt uiteindelijk tot verdriet. Er is geen onzelfzuchtige liefde in deze wereld. We geloven dat we geluk zullen ervaren als anderen van ons houden, maar geluk zit niet in enig voorwerp. Het komt vanuit onszelf. Echt geluk en eeuwige vrede komen alleen van goddelijke Liefde en die goddelijke Liefde komt alleen als we de heelheid van de schepping zien.

107

Het ego kan alleen door de pijn van liefde gebroken worden. Zoals een zaailing alleen te voorschijn kan komen als het buitenste omhulsel van het zaadje breekt, ontplooit het Zelf zich wanneer het ego breekt en verdwijnt. Als er een bevorderlijke atmosfeer geschapen wordt, begint de potentiële boom in het zaadje zich ongemakkelijk te voelen dat het in het omhulsel gevangen zit. Het verlangt ernaar in het licht te komen en vrij te zijn. De intense drang van de slapende boom in het zaadje breekt het omhulsel open. Dit openbreken gaat met pijn gepaard, maar die pijn is niets vergeleken met de pracht van de gemanifesteerde boom. Als de zaailing eenmaal naar buiten komt, wordt het omhulsel onbelangrijk. Zo ook verliest het ego alle betekenis, als Zelf-realisatie bereikt is.

108

Smetteloze, onzelfzuchtige en zuivere liefde is de brug naar God.

www.ingramcontent.com/pod-product-compliance
Lightning Source LLC
Chambersburg PA
CBHW060210070426
42447CB00035B/2894